이 책은 혼자서 책을 읽기 시작한 어린이들을 위해
재미있게 지식을 전달하는 백과사전 시리즈입니다.
전문가들과 함께 쉬운 단어와 큼직한 사진으로 흥미롭게 만들었답니다.
호기심과 두뇌의 발달을 도와주는 아이들의 좋은 친구입니다.

지구

레오니 프랫 글 조이 레이 디자인

앤디 투도르 그림 팀 해거티 그림편집 U&J 번역

지구 자문 **더럼 대학 지구과학과 질리언 포우거 교수**

독서 자문 **로햄튼 대학 앨리슨 켈리 교수**

작은책방

목차

우주공간

우리가 사는 지구는 태양 주위를 도는 8개의 행성 중 하나예요.

과학자들은 이 행성들 중에 생명체가 사는 행성은
지구밖에 없다고 생각하고 있어요.

지구는 어떻게 이루어져 있을까?

지구에 생명체가 살 수 있는 것은 온도가 적당하고
공기와 물이 있기 때문이에요.

태양은 지구를 따뜻하게 덥혀줘요.

사람과 동식물처럼 살아있는
생명체는 모두 공기가 있어야
숨을 쉴 수 있어요.

지구는 절반 이상이 물에 덮여 있어요.
모든 생명체는 살아가기 위해 물이 있어야 해요.

지구의 중심을
핵이라고 해요.
핵은 상상할 수 없을 만큼
아주 뜨거워요.

핵 주위에는 맨틀이 둘러싸고 있어요.
맨틀도 몹시 뜨거워서 암석이
흐물흐물하게 녹아있답니다.

단단하고 얇은 암석층인 지각이
맨틀을 둘러 싸고 있어요.

움직이는 지각

지구 표면은 여러 조각의 지각이 모여서 만들어져 있어요.

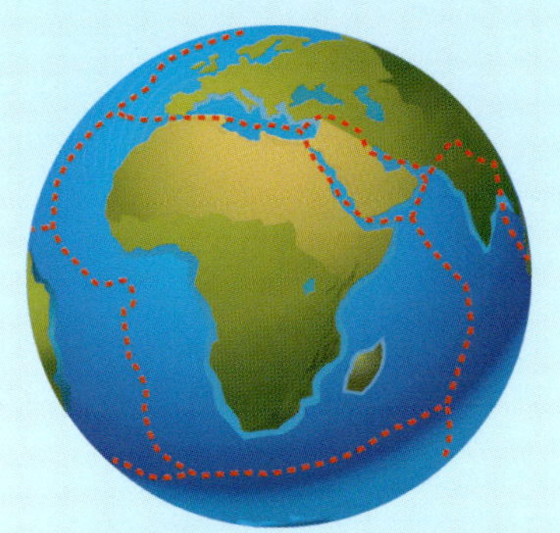

지각은 일정한 간격으로
지구 표면을 덮고 있어요.

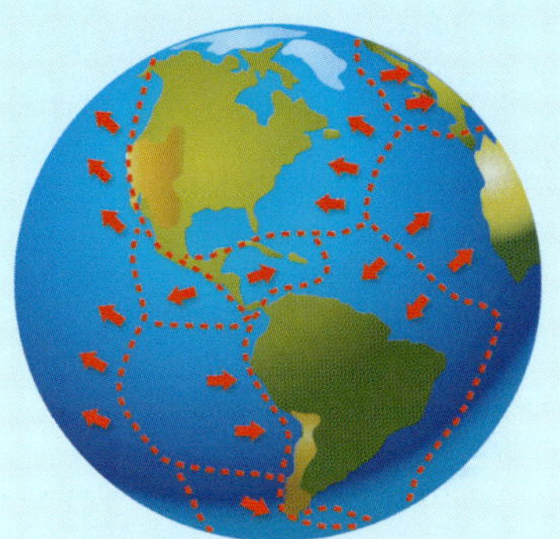

지각은 매우 느리게
움직이고 있어요.

지각끼리 서로 스치면서 생긴 지형을 단층이라고 해요.

지각은 단층을 따라
매끄럽게 움직여요.
하지만 어떤 때는
단층 사이에 끼어서
꼼짝도 못하고 멈춰 있어요.

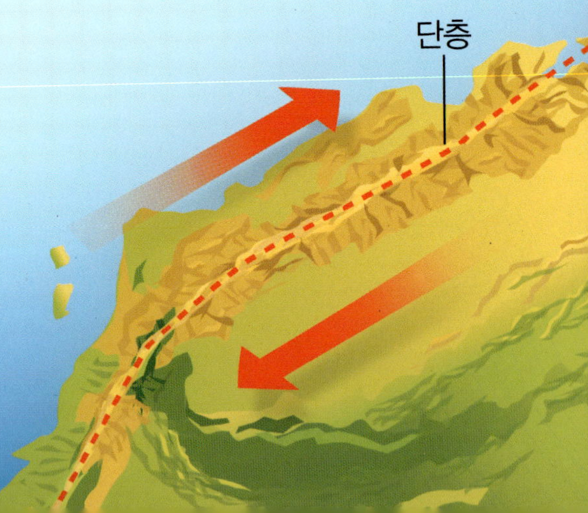

끼어서 멈춰 있던 지각이 갑자기 다시 움직이기 시작해요.
그러면 땅이 흔들리고 갈라져요. 이런 현상을 지진이라고 해요.

대지진이 나면 큰 건물이 무너지고 도로가 갈라져요.

달에도 '지진'이 일어나요.
달에서 일어나는 지진을 '월진'이라고 해요.

높은 산

지각이 움직이면서 땅을 서서히 밀어 올려요.
위로 밀려 올라간 땅은 높고 험준한 바위산이 되요.

유럽에 있는 알프스 산맥의 모습이에요.
알프스 산맥이 이렇게 높아지기까지는
수백만 년이나 걸렸답니다.

산꼭대기는 너무 추워서
눈이 녹지 않고 그대로 계속
남아있어요.

그래서 산꼭대기에 사는
산양은 두꺼운 털로 몸을
보호하고 있어요.

화산

맨틀 안에 녹아있는 암석이 땅이 갈라진 틈 사이로
흘러나와 화산이 되요.

화산이 폭발하는
모습이에요.

밖으로 솟아나온
뜨거운 암석을
용암이라고 해요.

화산 폭발은 여러 가지 모습이 있어요.

사납게 폭발하는 화산은
화산재와 가스가 하늘 위로
힘차게 치솟아 올라요.

어떤 화산은 뜨겁고
끈적끈적한 용암덩어리를
내뿜어요.

땅 위에 길게 갈라진 틈으로
묽은 용암이 흐르듯이 솟아나오는
화산도 있어요.

여러 가지 암석

지구를 덮고 있는 땅은 모두 암석으로 이루어져있어요.
암석은 크게 3가지 종류로 나뉘어요.

변성암은 지각 깊은 곳에서
매우 뜨거운 열을 받아 변형된 암석이에요.

화성암은 화산에서
흘러나온 용암이 식으면서
단단하게 굳어진 것이에요.

다이아몬드나 루비, 에메랄드 같은 보석은 모두
암석에서 캐낸 거예요. 보석도 돌의 일종이에요.

퇴적암은 진흙이나 모래가 층층이 쌓이면서 굳어진 거예요.

여러 가지 퇴적물이 쌓인 것이기 때문에
퇴적암에는 줄무늬가 있어요.

흐르는 강물

산에 내리는 비나 눈이 모두 땅 속으로 스며드는 것은 아니에요.

높은 산에서 흘러내려온
물이 모여 시냇물을 이루어요.

시냇물이 모이고 모여
큰 강이 되요.

강은 다시
바다로 흘러가요.

강바닥에 쌓인 돌과 자갈은 빠르게 흐르는
강물에 실려 떠내려가요.

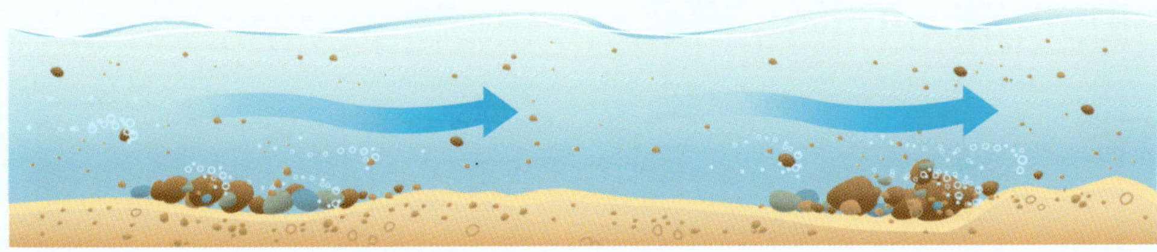

물살이 느려지면 무거운 돌은 가라앉고
작은 자갈은 계속해서 떠내려가요.

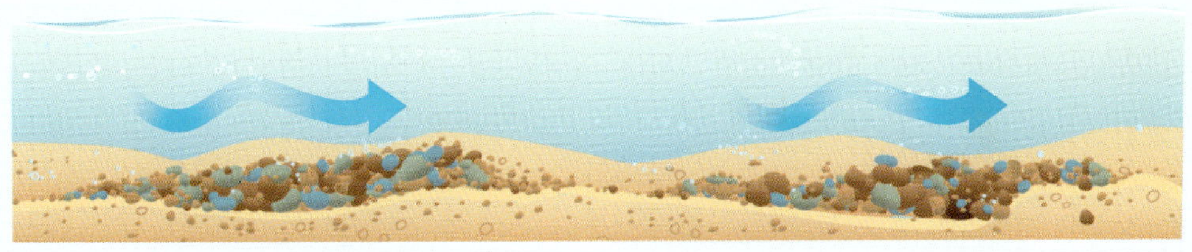

강물이 바다에 다다르면 물살이 아주 느려져서
떠내려 온 작은 돌들이 모두 가라앉아요.

아프리카의 나일 강은 세계에서 가장 긴 강이에요.
얼마나 긴지 우주에서도 보일 정도예요.

침식작용

강물이 흘러가면서 땅의 모양을 바꾸어요.

땅 위를 흐르는 강물은
흙과 돌을 실어 날라요.

돌은 강물을 따라 흘러가면서
강바닥을 깎아 내려요.

강물이 깎아내리는 땅은
오랜 세월이 지나면
골짜기가 되요.

미국에 있는 그랜드 캐니언이에요.
강물이 이런 깊은 골짜기를 만들기까지는 수백만 년이나 걸렸어요.

땅 속 동굴

강이 꼭 땅 위로만 흐르는 것은 아니에요.
땅 밑으로 흐르는 강도 있답니다.
이렇게 땅 밑에서 흐르는 강물은 바위를 깎아 동굴을 만들어요.

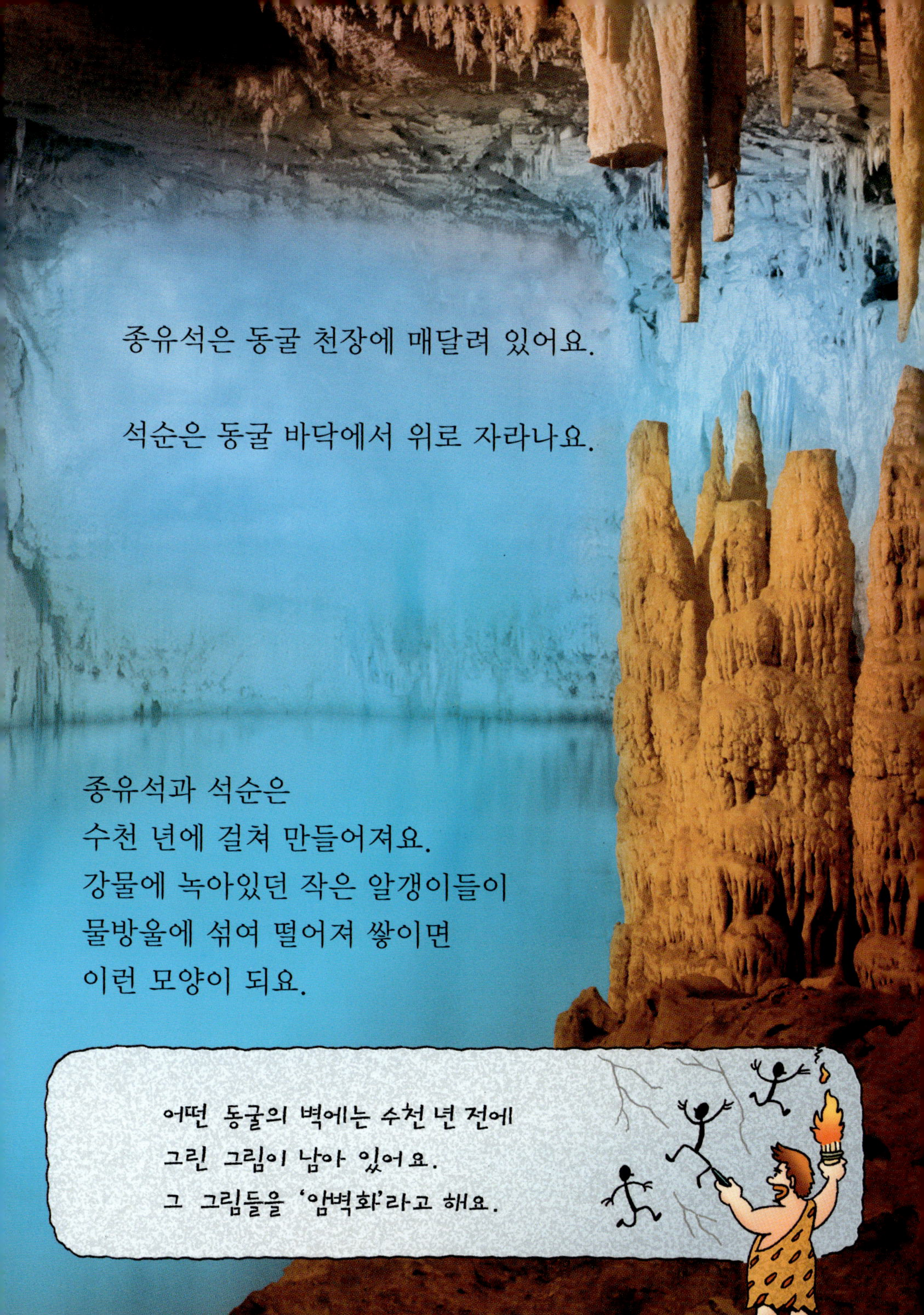

종유석은 동굴 천장에 매달려 있어요.

석순은 동굴 바닥에서 위로 자라나요.

종유석과 석순은
수천 년에 걸쳐 만들어져요.
강물에 녹아있던 작은 알갱이들이
물방울에 섞여 떨어져 쌓이면
이런 모양이 되요.

어떤 동굴의 벽에는 수천 년 전에
그린 그림이 남아 있어요.
그 그림들을 '암벽화'라고 해요.

얼음 세계

어떤 물은 긴 시간 동안 꽁꽁 얼어 있어요.

남극 대륙은 세계에서 가장 추운 곳이에요.

땅은 눈으로 덮여있고
바다 위에는
빙산이 떠다녀요.

1. 땅 위에 언 얼음이 바다까지
   뻗쳐 둥둥 떠 있어요.

2. 파도가 치면 얼음에
   금이 가요.

3. 금이 점점 커지면서
   얼음 덩어리가 떨어져
   나와요.

4. 떨어진 얼음덩어리는
   빙산이 되어 바다 위를
   떠다녀요.

해안

땅과 바다가 마주하고 있는 곳을 해안이라고 해요.

모래는 조개와 바위가 잘게 부서져서 만들어지는 거예요.
바닷물에 부서진 작은 알갱이들이 해안으로 밀려들어
쌓여서 모래사장을 만들어요.

파도가 바닷가 절벽에
부딪치면서 아치 모양으로
깎아내요.

아치 꼭대기가 부서져 내리면
바위기둥이 따로 떨어져
나와요.

이것이 바위기둥이에요.

어떤 해안은 모래사장의 모래가 검은 화산암이
파도에 깎여 만들어진 것이라 검은색이에요.

깊은 바다 속

지구는 절반 이상이 바다로 뒤덮여있어요.
바다 속에는 다양한 생물들이 살고 있어요.

수많은 바다 속 생물들이 햇빛이 잘 드는
따뜻한 수면 가까이 살고 있어요.

바다 깊은 곳은 어둡고 추워요.
이곳에서 살 수 있는 생물은
그리 많지 않답니다.

향유고래는 오징어를
잡아먹기 위해 바다 깊은 곳까지
헤엄쳐 내려가요.

사진에 보이는 것은 잠수함이에요.
과학자들이 깊은 바다 속을 탐험하고 있는 거예요.

어두운 바다 속에 사는 물고기 중에는
빛을 내는 것이 있어요.
그 빛으로 작은 물고기를 꾀어내서
잡아먹으려는 거랍니다!

모래사막

사막은 지구에서 가장 메마른 곳이에요.
비가 거의 오지 않고 땅도 건조한데다가 모래바람도 많이 불어요.

아프리카의 사하라 사막은
세계에서 가장 큰 사막 중 하나예요.

1. 사막도 땅 속의 갈라진
   바위틈에는 지하수가
   고여 있어요.

2. 지하수는 오랜 세월에
   걸쳐 위로 차오르면서
   샘을 만들어요.

사막에 사는 동물은 뜨거운 낮에는 땅 속에서
지내다가 밤이 되면 먹이를 찾으러 나와요.

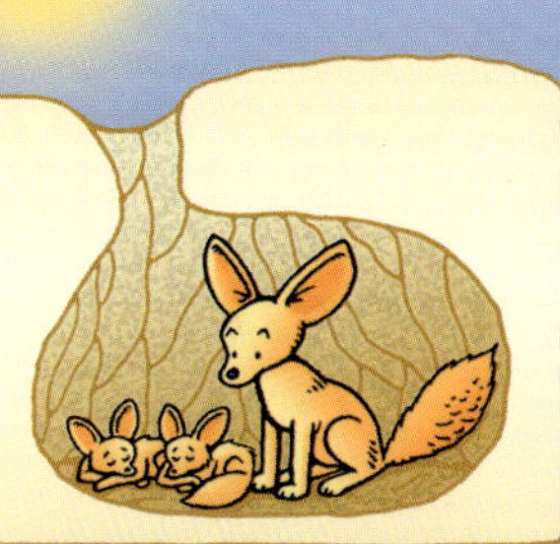

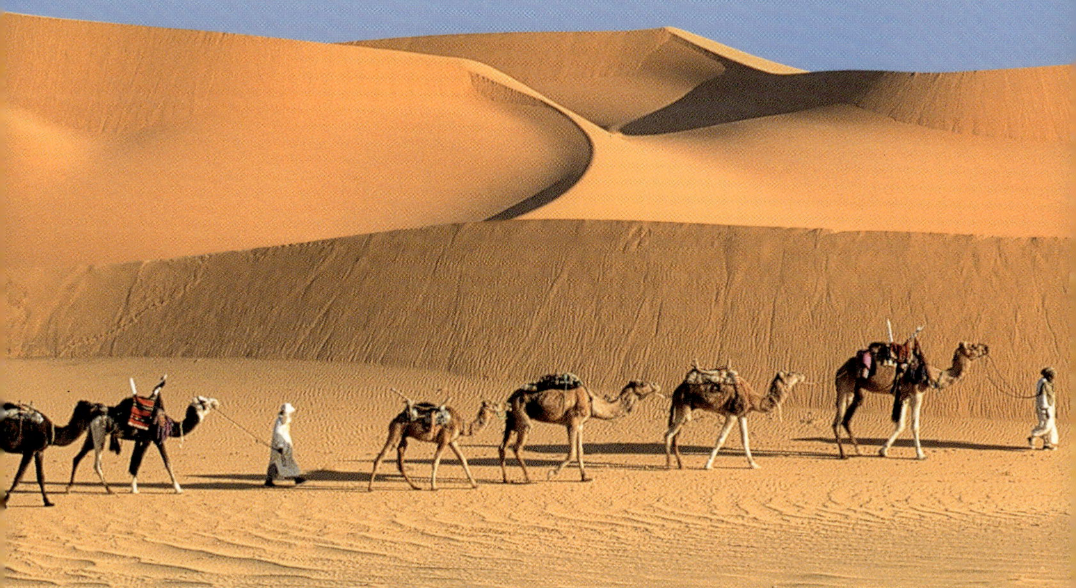

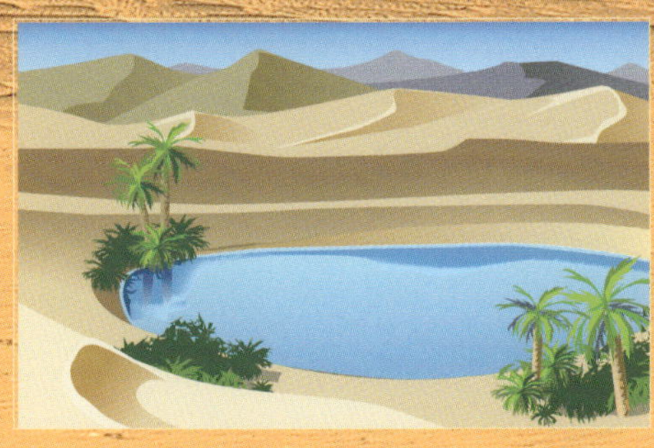

3. 샘 주변에 식물이 자라요.
이것을 오아시스라고 해요.

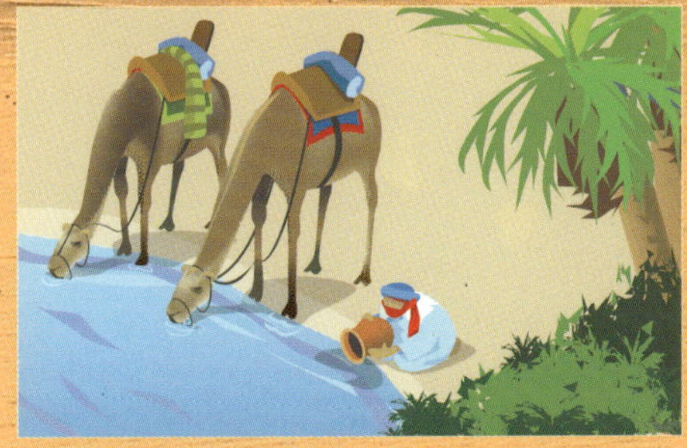

4. 사막을 여행하는 여행자들은
오아시스에서 쉬고 다시
사막을 여행해요.

놀라운 지구

지구는 정말 놀라운 곳이에요.

그린란드는 세계에서
가장 큰 섬이에요.

베네수엘라에 있는 앙헬 폭포는
세계에서 가장 높은 폭포예요.
높이가 무려 979미터나 된답니다.

칠레에 있는 아타카마 사막
일부 지역에는 400년 동안
비가 내리지 않았다고 해요.

에베레스트 산은 세계에서
가장 높은 산이에요.
높이가 무려
8,850미터나 되요.

마리아나 해구(바다 속
깊은 곳에 있는 골짜기
모양의 땅)의 가장 깊은 곳은
해저 11,000미터에 이르러요.

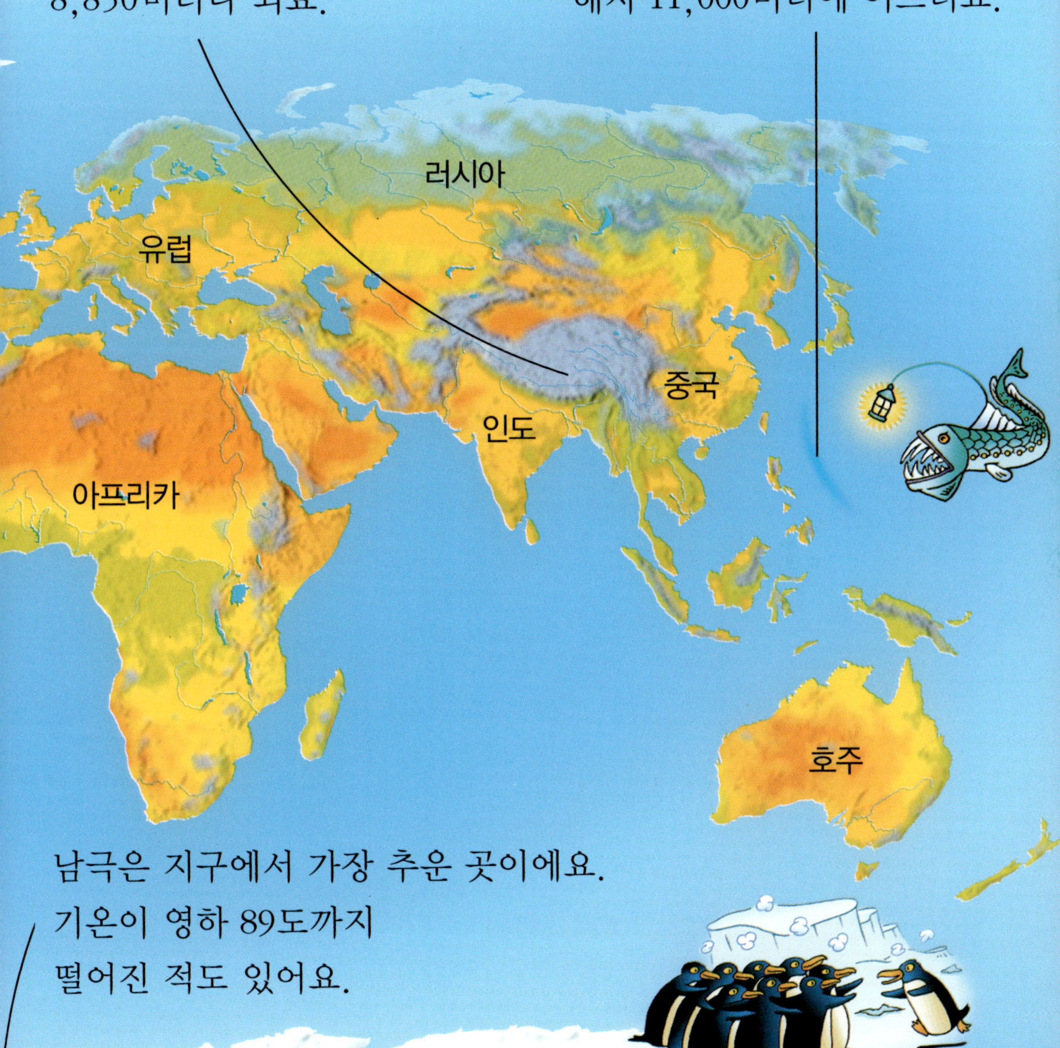

남극은 지구에서 가장 추운 곳이에요.
기온이 영하 89도까지
떨어진 적도 있어요.

책을 읽다가 모르는 낱말이 있었을 거예요. 여기서 그 낱말들을 자세히 설명해 줄게요.

	단층	서로 다른 조각의 지각이 마주보고 있는 거예요.
	화산 폭발	화산에서 뜨거운 용암이나 화산재가 터져 나오는 현상이에요.
	용암	화산에서 흘러나오는 것으로 빨갛고 뜨거워요.
	골짜기	강물에 의해 양면이 가파르게 깎인 땅모양이에요.
	빙산	바다 위를 떠다니는 큰 얼음덩어리예요. 얼음덩어리의 많은 부분이 물속에 잠겨있어요.
	사막	일 년 중 비가 거의 내리지 않는 지역이에요.
	오아시스	땅 속에서 물이 솟아나와 만들어진 사막의 샘이에요.

우리가 살고 있는 지구는 아주 다양한 모습을 가지고 있습니다. 지구에는 아주 더운 곳도, 추운 곳도 있고 화산이 있거나 동굴이 있습니다. 이 다양한 지구에 대해 알아 봐요. 먼저 책을 읽어 보세요. 그리고 좀 더 생각해 봐요.

🌐 이 책은 지구가 어떻게 이루어져 있는지 대략적인 모습을 알려줍니다. 이 땅 아래가 어떻게 되어있는지, 얼마나 다양한 지형과 기후가 존재하는 지를 알려주죠. 이 책을 읽었다면 지구가 어떻게 생겼는지 말할 수 있을 거예요. 엄마 아빠와 함께 이야기해 봐요.

🌐 지구에는 신기한 곳이 참 많아요. 이 책에 안나온 지구의 다양한 모습을 알아봐요.

그리고 왜 그런 지형이나, 기후가 생겼는지 알아봐요.

예) • 여름에 폭풍이 바다에서 만들어져 땅 위로 불어와요.

　　• 대만의 예류 지질공원에는 버섯처럼 생긴 바위들이 서 있어요.

　　• 터키의 파묵칼레에는 하얀 석회붕으로 이루어진,

　　　밭이 층층이 있는 것처럼 생긴 지형이 있어요.

파묵칼레 ➡

🌐 이 책에서는 다양한 지형과 기후 등 지구에 대해 알려주고 있어요.

아래의 지도에 이 책에 나왔던 내용들을 표시해 봐요.

좀 더 쉽게 이해하고 지리에 대한 감각이 길러질 거예요.

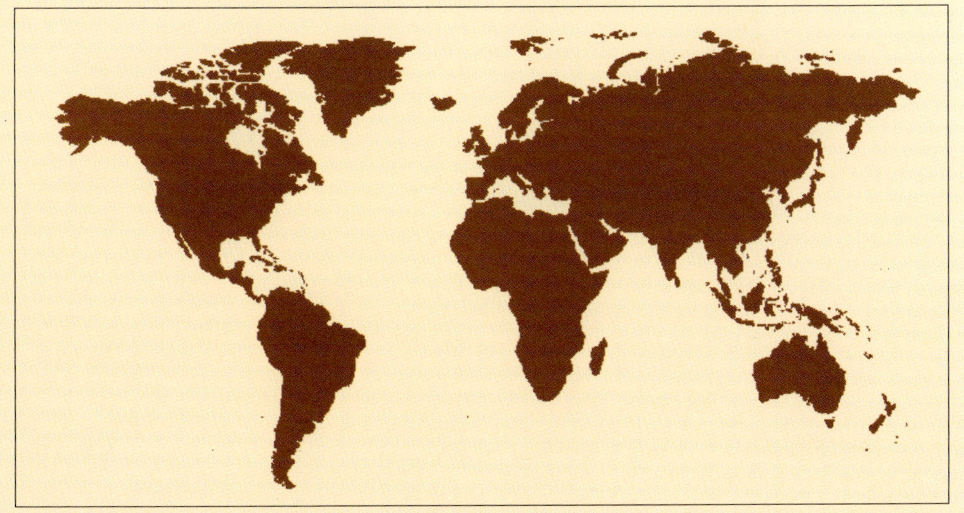

찾아보기

감사 인사

디자인 편집 헬렌 우드, 에리카 해리슨

사진 편집 존 러셀

지도 삽화 p28-29 크레이그 애스퀴스, European Map Graphics Ltd.

사진을 위해 도움 주신 분들

출판사는 이미지들을 재현할 수 있도록 허락해 준 아래 분들께 감사를 드립니다.
© BRUCE COLEMAN INC./ALAMY cover; © Digital Vision 31: © Frans Lemmens/zefa/CORBIS 26-27;
© Gabe Palmer/CORBIS I; © Henry Westheim Photography/Alamy 7; © Image Broker/Alamy 18-19;
© Jim Sugar/CORBIS 10; © Joel Simon/Digital Vision 20-21; © Joseph Sohm/Vision of America/CORBIS 13;
© Marc Garanger/CORBIS 8-9 © Micheal Howard/Alamy 22-23; © NASA 2-3, 5;
© Photo by Rod Catanach, Woods Hole Oceanographic Institution 25; © Ron Watts/CORBIS 17

우리아이 첫 백과사전 24 지구

초판 1쇄 인쇄일 2009년 7월 27일
초판 1쇄 발행일 2009년 8월 5일

글 레오니 프랫 디자인 조이 레이
그림 앤디 투도르 번역 U&J
펴낸이 김지영 펴낸곳 작은책방
편집 오현정 디자인 한송희
제작·관리 김동영 영업 김동준, 조명구

출판등록 2001년 7월 3일 제 2005-000022호
주소 158-070 양천구 신정동 318-5 황금프라자 804호
전화 (02)2648-7224 팩스 (02)2654-7696

ISBN 978-89-5979-097-5 74080

● 잘못된 책은 교환해 드립니다.

우리아이 첫 백과사전

(전 30권)

01 개

02 곤충

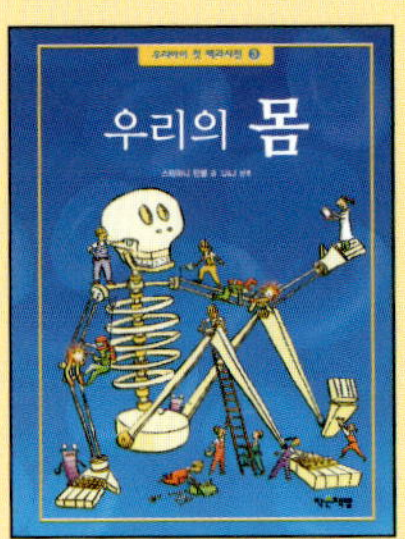

03 우리의 몸

04 공룡

05 고양이

06 트럭

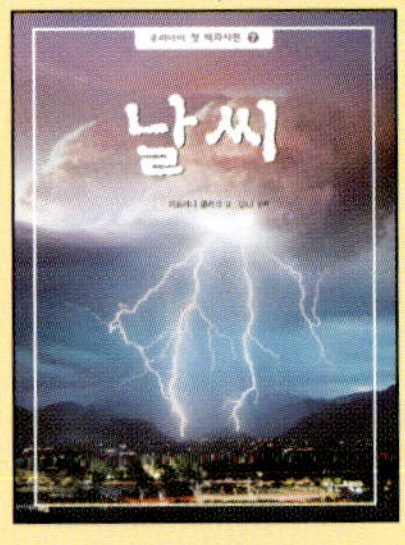

07 날씨

08 태양, 달 그리고 별

09 음식과 영양소

10 비행기

11 새와 알

12 개구리와 올챙이

13 신기한 바다 생물들

14 로마

15 나비와 애벌레

16 해적